Übersetzung aus dem Amerikanischen
und Vorwort von Wolfgang J. Fuchs

JIM DAVIS, DER AUTOR VON GARFIELD

Jim Davis kam am 28. Juli 1945 in Marion, im amerikanischen Bundesstaat Indiana, zur Welt. Er wuchs zusammen mit seinem jüngeren Bruder Dave, der als"Doc Boy" gelegentlich im Garfield Strip vorkommt – auf der elterlichen Farm in der Hügellandschaft nahe Fairmount in Indiana auf, wo zeitweise bis zu 25 Katzen lebten. Jim Davis wäre wahrscheinlich Farmer geworden, wenn ihn als Kind nicht Asthma geplagt hätte. Daher musste er sich meist im Haus aufhalten und fing zu zeichnen an. Nach eigener Aussage waren die Zeichnungen seiner Kindheit anfangs aber so schlecht, dass er jeweils dazu schreiben musste, was sie darstellen sollten. Während sich sein Zeichenstil verbesserte, fand er die Kombination Text und Bild aber weiterhin sinnvoll und vergnüglich.

Bis zum Besuch der High School hatte sich Jims Asthma gelegt, so dass er sogar erfolgreich Football spielen konnte. An der Universität machte er seinen Abschluss in Kunst und Betriebswirtschaft, was ihm später beides zugute kommen sollte. Anschließend arbeitete Jim Davis zwei Jahre lang bei einer Werbeagentur, ehe er Assistenzzeichner von Tom K. Ryan wurde, der den Comicstrip *Tumbleweeds* erfunden hatte. Als Assistenzzeichner lernte Jim Davis, was an Arbeitsdisziplin erforderlich ist, um einen täglich erscheinenden Strip anzufertigen, träumte jedoch auch davon, seine eigene Serie zu entwickeln.

Zunächst hatte Jim Davis die Idee, einen Comic um eine Stechmücke zu machen, *Gnorm Gnat*. Diesen Comic schrieb und zeichnete er fünf Jahre lang für die Zeitung *Pendleton Times*. Als sich aber kein Pressevertrieb fand, der die Abenteuer einer Stechmücke an weitere Tageszeitungen vermitteln wollte („Der Strip ist ja komisch, aber wer kann sich schon mit einer Mücke identifizieren?"), machte Davis der Mücke ein Ende. Eines Tages latscht in der letzten Folge ein Riesenschuh auf Gnorm und macht ihn platt. Der nächste Schritt war der Entwurf für eine Serie, deren Titel ebenfalls mit G begann: Garfield.

Jim Davis setzte sich ans Zeichenbrett und setzte die Erkenntnisse, die er aus der Durchsicht der Comicseiten gewonnen hatte, in die Tat um. Und siehe da, das neue Konzept kam an. *Garfield* wurde vom gleichen Pressevertrieb ins Programm genommen, der auch bereits erfolgreich die Peanuts von Charles M. Schulz im Angebot hatte.

Inzwischen hat *Garfield* sämtliche Rekorde gebrochen. Heute erscheint er in 23 Sprachen in 63 Ländern in 2.570 Zeitungen, was weltweit über 260 Millionen Lesern entspricht. Das *Guinness Buch der Rekorde* kürte deshalb *Garfield* zum am weitesten verbreiteten Comicstrip der Welt. Für Jim Davis persönlich sind jedoch die Auszeichnungen wichtiger, die er von seinen Berufskollegen erhalten hat. 1981 und 1985 wurde *Garfield* von der National Cartoonist Society, der amerikanischen Vereinigung der Karikaturisten und Comiczeichner, als bester Humorstrip ausgezeichnet. Für herausragende Leistungen im Bereich des Comiczeichnens erhielt Jim 1990 sowohl den Elzie Segar Award, als auch den Reuben Award, die höchste Auszeichnung für einen amerikanischen Comiczeichner.

Wolfgang J. Fuchs

„GARFIELD Schlanker durch schlafen" von Jim Davis
Aus dem Amerikanischen von Wolfgang J. Fuchs

verlegt durch
EGMONT Verlagsgesellschaften mbH
Gertrudenstr. 30 - 36, 50667 Köln

1. Auflage
Verantwortlicher Redakteur: Bernd Klötzer
Textbearbeitung: Elvira Brändle
Lettering: Eleonore Caspart
Gestaltung: Wolfgang Berger
Koordination: Christopher Willmann
Buchherstellung: Elisabeth Hardenbicker
Druck und Verarbeitung: freiburger graphische betriebe, Freiburg.
ISBN 978-3-7704-3347-6

www.ehapa-comic-collection.de

DA IST DEIN FUTTER, GARFIELD!
WIE WÄR'S MIT EINEM LÄCHELN BEIM SERVIEREN?
GARFIELD
HOFFENTLICH IST DAS FRESSEN NICHT VERDORBEN!
... WO IST MEINE ZAHNBÜRSTE?
DANKE!
BÜRST BÜRST BÜRST BÜRST
VON SOLCHEN ERINNERUNGEN ZEHRT MAN EIN LEBEN LANG!
OB'S SCHON ZEIT FÜR MEINEN MITTERNACHTS-IMBISS IST?
HMMM... ZWANZIG UHR!
FAST DAS GLEICHE!
JIM DAVIS
10-5
10-6
10-7
© 1989 PAWS, INC. All Rights Reserved.

GARFIELD

ACH, MÄUSCHEN, KOMM DOCH MAL RAUS ZU MIR, JA?
ICH SEH DICH SEHR VIEL BESSER VON HI-IER!

KOMM RAUS, MAUS, SONST KOMME ICH DICH HOLEN!
HA! DU KRIEGST JA NICHT MAL DEINEN DICK-SCHÄDEL DURCHS MAUSELOCH!

ACH JA?! DAS WOLLEN WIR DOCH MAL SEHEN, GORGONZOLALIPPE!

UNNNGGGHHH! ERRRGGHHHHH! HUUUUURRRRP!
10-8

PLOPP!
NA ALSO! HE, WO BIST DU DENN JETZT?

ICH SITZE FEST!

WAS IN ALLER...?
JIM DAVIS

ICH GLAUBE, ICH WURDE REIN-GELEGT!

SEHT, DA AM HIMMEL! IST ES EIN VOGEL? ODER EIN FLUGZEUG?
NEIN! ES IST...
WOPP!
SUPERPOOKY!
JIM DAVIS
10-9
POOKY GIBT MIR IM SCHLAF EIN GEFÜHL DER SICHERHEIT!
UND ZWAR, WEIL ER SO WEICH IST...
... UND WEIL ER EINEN SCHWARZEN GÜRTEL IN KARATE HAT!
10-10
JIM DAVIS
SCHLUCK!
JIM DAVIS
10-11
RUMMS!
KLATSCH!
ZIP
PFUI, POOKY!

GENAU RICHTIG!
JIM DAVIS
10-12
SCHNÜFFEL SCHNÜFFEL SCHNÜFFEL SCHNÜFFEL
JIM DAVIS
10-13
PLOPP
IRRE KOMISCH, GARFIELD! DAS KAUFE ICH DIR NIE AB, DASS DEIN TEDDYBÄR ROLL-SCHUH LAUFEN KANN!
WIE MEINEN?
JIM DAVIS
10-14

GARFIELD
DAS GEHÖRT ALLES ZU DEN FREUDEN DES HAUSTIERBESITZES!

ZWIP!

WURFTECHNIK IST ALLES!
JIM DAVIS
10-15

CHR!
SCHLÄFST DU SCHON WIEDER, GARFIELD?
DEFINIERE „WIEDER"!
JIM DAVIS
10-16
© 1989 PAWS, INC. All Rights Reserved.
GARFIELD, HAST DU DIE MAUSE-FALLE GESEHEN, IN DER ALS KÖDER GOUDA WAR?
NÖÖÖ!
OORGH
ARRRK
EEERK
URRRK
JIM DAVIS
10-17
© 1989 PAWS, INC. All Rights Reserved.
JON UND ICH, WIR SIND EIN TOLLES TEAM!
ER KOCHT GERN, ICH ESSE GERN.
MÖCHTEST DU KETCHUP ZUM GÜRTELTIER?
ICH STEIGE AUS DEM TEAM AUS!
JIM DAVIS
10-18
© 1989 PAWS, INC. All Rights Reserved.

JIM DAVIS 10-19
GARFIELD
SCHWAPP!
GARFIELD, ICH HABE...
... WASSER IN MEINEN FRESSNAPF GETAN! ICH WEISS!
© 1989 PAWS, INC. All Rights Reserved.
WENN ICH DAS UNIVERSUM IN ALL SEINER PRACHT BETRACHTE, KOMME ICH MIR GANZ UNBEDEUTEND VOR!
JIM DAVIS 10-20
WAS MEINST DU, GARFIELD?
HAST RECHT!
© 1989 PAWS, INC. All Rights Reserved.
MIR KOMMST DU AUCH GANZ UNBEDEUTEND VOR!
HIER KARLIS KRAPFENSHOP! GUTEN TAG!
© 1989 PAWS, INC. All Rights Reserved.
MÖCHTEN SIE KRAPFEN? WIR FÜHREN KRAPFEN MIT MARMELADENFÜLLUNG, MIT SCHOKOFÜLLUNG ODER MIT ZUCKERGLASUR...! HALLO? IST DA JEMAND...?
KLICK!
ICH BLEIBE GERN MIT MEINEN FREUNDEN IN KONTAKT!
JIM DAVIS 10-21

GARFIELD®
SCHNÜFFEL
SCHNÜFFEL
SCHNÜFFEL
SCHNÜFFEL
?
DER GROSSE JÄGER!

BADEN AUF EIGENE GEFAHR!

10-22

VOGEL-RUFE

TUUUU-WITT
WITT
WITT
VOGEL-RUFE

BAIIIIIOUOUOUOU JORBEL
JORBEL
JORBEL

GRIIIIIIIIIEBEL NICK
NICK
NICK

HMM, ES FUNKTIONIERT NICHT!

VIELLEICHT HABE ICH „GENICKT" ALS ICH HÄTTE „GRIIIEBELN" SOLLEN!
VOGEL-RUFE
JIM DAVIS

BRRR! HEUTE MORGEN IST ES ABER FROSTIG!
JIM DAVIS
10-23

WAS FÜR EIN MERKWÜRDIGES GEFÜHL!
© 1989 PAWS, INC. All Rights Reserved.

DAS KOMMT MIR GAR NICHT WIE MEIN ZUHAUSE VOR!
FORTSETZUNG FOLGT...

JON? ODIE?

10-24
JIM DAVIS
JEMAND ZU HAUSE?
© 1989 PAWS, INC. All Rights Reserved.

ICH BIN ALLEIN!
DU MACHST DIR GAR KEINE VORSTELLUNG WIE ALLEIN, GARFIELD!

RUHIG BLUT, GARFIELD! DAS HAUS IST SICHER AUS GUTEM GRUNDE LEER!
© 1989 PAWS, INC. All Rights Reserved.

JON MUSS EINKAUFEN GEGANGEN SEIN.

JIM DAVIS 10-25
ZU VERKAUFEN!

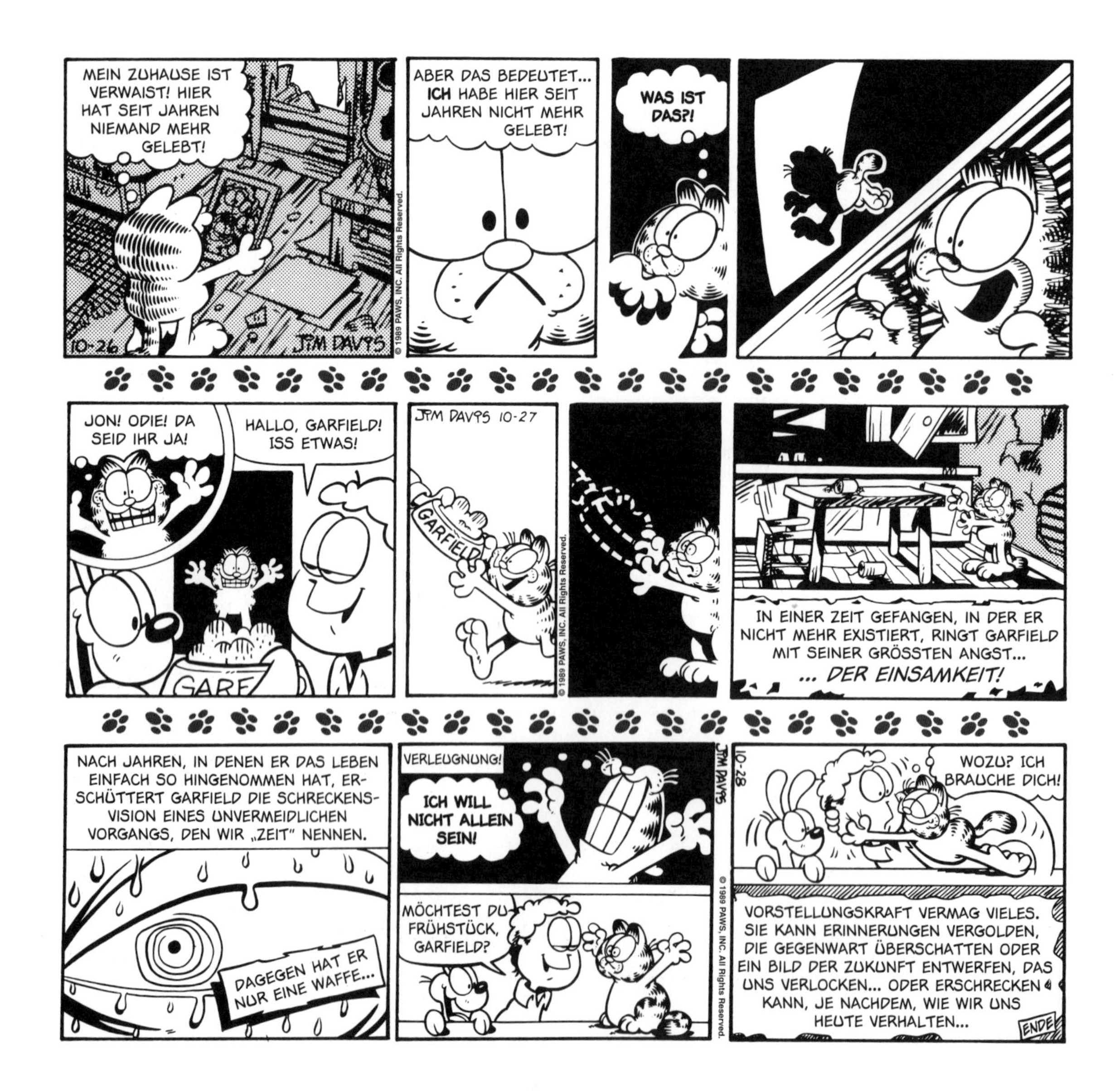
MEIN ZUHAUSE IST VERWAIST! HIER HAT SEIT JAHREN NIEMAND MEHR GELEBT!
10-26
JIM DAVIS
© 1989 PAWS, INC. All Rights Reserved.
ABER DAS BEDEUTET... ICH HABE HIER SEIT JAHREN NICHT MEHR GELEBT!
WAS IST DAS?!
JON! ODIE! DA SEID IHR JA!
HALLO, GARFIELD! ISS ETWAS!
GARF
JIM DAVIS 10-27
GARFIELD
© 1989 PAWS, INC. All Rights Reserved.
IN EINER ZEIT GEFANGEN, IN DER ER NICHT MEHR EXISTIERT, RINGT GARFIELD MIT SEINER GRÖSSTEN ANGST...
... DER EINSAMKEIT!
NACH JAHREN, IN DENEN ER DAS LEBEN EINFACH SO HINGENOMMEN HAT, ERSCHÜTTERT GARFIELD DIE SCHRECKENSVISION EINES UNVERMEIDLICHEN VORGANGS, DEN WIR „ZEIT" NENNEN.
DAGEGEN HAT ER NUR EINE WAFFE...
VERLEUGNUNG!
ICH WILL NICHT ALLEIN SEIN!
MÖCHTEST DU FRÜHSTÜCK, GARFIELD?
JIM DAVIS 10-28
© 1989 PAWS, INC. All Rights Reserved.
WOZU? ICH BRAUCHE DICH!
VORSTELLUNGSKRAFT VERMAG VIELES. SIE KANN ERINNERUNGEN VERGOLDEN, DIE GEGENWART ÜBERSCHATTEN ODER EIN BILD DER ZUKUNFT ENTWERFEN, DAS UNS VERLOCKEN... ODER ERSCHRECKEN KANN, JE NACHDEM, WIE WIR UNS HEUTE VERHALTEN...
ENDE

GARFIELD®

LÖFFEL

LÖFFEL

GÄHN!
LÖFFEL

MNJAMM
MNJAMM

RÜHR
RÜHR
RÜHR

SCHLUCK!

SPUUUUUCK
© 1989 PAWS, INC. All Rights Reserved.

MORGEN-
STUND!
JIM DAVIS
10-29

BUH!
WIE BITTE?
BUH!
ACH SO... OKAY!
NERVIG, SO EIN GEISTERFILM MIT NULL GRUSEL-QUOTIENT!
© 1989 PAWS, INC. All Rights Reserved.
10-30
JIM DAVIS
WEISST DU WAS, JON? ICH KANN MICH SELBST HYPNOTISIEREN!
ICH WERDE MÜDE! SEEEEHR MÜDE!
GARFIELD, DER ZWEITE HANUSSEN!
FFFT!
© 1989 PAWS, INC. All Rights Reserved.
10-31
JIM DAVIS
KICK!
KEINE ANGST! ICH HABE DAS GENAU AUSGE-RECHNET!
JIM DAVIS
ZOING!
SEHT IHR? EINE 7-METER-LEINE!
ACH JA... UND 60 ZENTIMETER LANGE ARME!
© 1989 PAWS, INC. All Rights Reserved.
11-1

GARFIELD, IST DIR EIGENTLICH KLAR, DASS ICH DICH WAHRSCHEINLICH VOR EINEM LEBEN AUF DER STRASSE BEWAHRT HABE?
KRAUL KRAUL KRAUL
UND JETZT VERWÖHNE ICH DICH!
SEHR FREUNDLICH, JON!
KRAUL KRAUL KRAUL
JIM DAVIS 11-2
UND JETZT AUCH NOCH DEN RÜCKEN, JA?
© 1989 PAWS, INC. All Rights Reserved.
DREISSIG TAGE LANG OHNE ESSEN UND TRINKEN IN DER WÜSTE VERSCHOLLEN! LANGE HALTE ICH DAS NICHT MEHR AUS! RÖCHEL!
GARFIELD
JIM DAVIS 11-3
ADE, SCHNÖDE WELT!
SPLOT!
GARFIELD, WAS MACHST DU DA?
ESS-THEATER!
© 1989 PAWS, INC. All Rights Reserved.
AUSSER LASAGNE MUSS ICH DOCH NOCH EINE ANDERE LEIBSPEISE HABEN!
GARFIELD
JIM DAVIS 11-4
SCHLING!
ES IST EINE SUCHE OHNE ENDE!
© 1989 PAWS, INC. All Rights Reserved.

GARFIELD®
AH, WIE ICH SEHE, HAST DU MEINE GUMMIMAUS GEFUNDEN!

WUSCH!

PLUMPS!

AUTSCH!
WINSEL WINSEL

STUBS STUBS

DANKE, KUMPEL!
JIM DAVIS
11-5

HEY, GARFIELD! HEUTE FAHREN WIR AUF DIE FARM!
NA, DAS HAUT MICH DOCH GLATT UM!
NA, ICH GLAUB MICH TRITT EIN PFERD!
LASS DAS!
NA, ICH GLAUB MICH KNUTSCHT EIN ELCH UND MEIN SCHWEIN PFEIFT BONANZA!
JIM DAVIS 11-6
AUF EINER FARM KANN MAN SO VIELE TOLLE SACHEN MACHEN!
JA!
JIM DAVIS 11-7
MIR FALLEN ZWEI EIN: ESSEN UND HEIMFAHREN!
FARMEN SIND SO ÖDE!
VIELLEICHT TUT SICH HIER DRIN WAS AUFREGENDES!
SPLOOSH!
JIM DAVIS 11-8

KOMM, GARFIELD! PAPS FÄHRT MIT UNS IN DEN ORT UND ZEIGT UNS DIE NEUE VERKEHRSAMPEL!
NEIN DANKE, MEIN BEDARF IST GEDECKT! ICH HATTE HEUTE SCHON AUFREGUNG GENUG...
DIE BESICHTIGUNG DES ERSTEN WASSERHAHNS IM HAUS!
JIM DAVIS 11-9
MAMA! IN MEINEM ZIMMER IST 'NE WEISSE MAUS!
PAPS, DOC-BOY, KOMMT SCHNELL!
IST JA WIRKLICH WEISS!
SO WAS IST SELTEN!
DENEN FEHLT EIN FERN-SEHER!
WAHRSCHEIN-LICH EIN ALBINO!
11-10 JIM DAVIS
DANKE, MAMA, ES WAR MAL WIEDER SCHÖ...
WOLLT IHR ETWAS ZU ESSEN MIT-NEHMEN?
NA JA, ABER NUR EIN BISS...
PAPS!
HE, DOC-BOY! ICH GLAUB, DIE RINDER-HÄLFTE PASST IN DEN KOFFERRAUM!
JIM DAVIS 11-11

GARFIELD
MÖCHTEST DU SONST NOCH WAS REPARIEREN, JON?

TAGCHEN, KLEINE STUBENFLIEGE!

MOMENT MAL, DU BIST JA GAR KEINE STUBENFLIEGE!

DU BIST EIN ZARDOGISCHER SONNENSCHWAMM, DER GEKOMMEN IST, UM DER ERDE ALLE SONNENSTRAHLEN ZU RAUBEN!

HA! IHR BEZIEHT EURE GANZE ENERGIE VON DER SONNE! ZIEHE ICH DEN VORHANG ZU, ENTZIEHE ICH DIR DAS LEBENSSPENDENDE SONNENLICHT!

STIRB, SONNENRÄUBER!
WITSCH!
© 1989 PAWS, INC. All Rights Reserved.

HAHAAAA! DA ZERFÄLLT ER SCHON ZU EINER GRÄSSLICHEN, GRÜNEN, DAMPFENDEN, GALLERTARTIGEN MASSE!
NICHT EINGEWEIHT SEIN IST DOOF!
11-12
JIM DAVIS

O WEH, HEUTE WACHE ICH IRGENDWIE NICHT RICHTIG AUF!
CHR!
CHR!
OH!
PLOPP!
GLEICH BESSER SO!
11-13
JIM DAVIS
© 1989 PAWS, INC. All Rights Reserved.
© 1989 PAWS, INC. All Rights Reserved.
ERWISCHT! DU BIST'S!
JIM DAVIS 11-14
KICK!
CRASH!
HUNDE SIND JA SO WAS VON VERSPIELT!
DIE WETTERVORHERSAGE FÜR HEUTE: LEICHT BEWÖLKT UND VEREINZELT NIEDERSCHLÄGE.
JIM DAVIS 11-15
© 1989 PAWS, INC. All Rights Reserved.
WENN DU MICH BRAUCHST, ICH BIN DRAUSSEN UND DREH 'NE RUNDE AUF MEINEM EINRAD.
UND DIE HERRCHENVORHERSAGE FÜR HEUTE: LEICHT UMWÖLKT UND VEREINZELT GEHIRNERSCHÜTTERUNG!

BURRRRRR
JIM DAVIS 11-16

RRRRRRRRP!
KLICK!

DU BIST WIDERLICH!
43 SEKUNDEN! EIN NEUER REKORD!

HALLO, KINDER! SOLL EUCH BINKY EINEN NEUEN ZAUBERTRICK ZEIGEN?

NEIN, SO NICHT! KEINE SEKUNDE LÄNGER BEHALTE ICH DAS BLÖDE CLOWNKOSTÜM AN!
JIM DAVIS 11-17

ICH BIN SCHAUSPIELER! UND WAS SAGEN DIE? ICH WÄRE ZU KLEIN!
SCHON DER DRITTE AUS-RASTER... DIESE WOCHE!

GÄHN!

EIN GRANDIOSES NICKERCHEN!

ABER ETWAS LANG VIELLEICHT!
JIM DAVIS 11-18

GARFIELD
DENK DIR NUR, ODIE! UNSER LEBEN IST IN SEINER HAND!

PLONK!

DER SESSEL WACKELT!
PLONK PLONK

DAS IST LEICHT ZU BEHEBEN!

KLAKLINK – KLAKLINK

KLAKLINK – KLAKLINK – KLAKLINK

KLAKLINK – KLAKLINK – KLAKLINK

KLAKLINK – KLAKLINK – KLAKLINK
JIM DAVIS
11-19

GARFIELD!!...

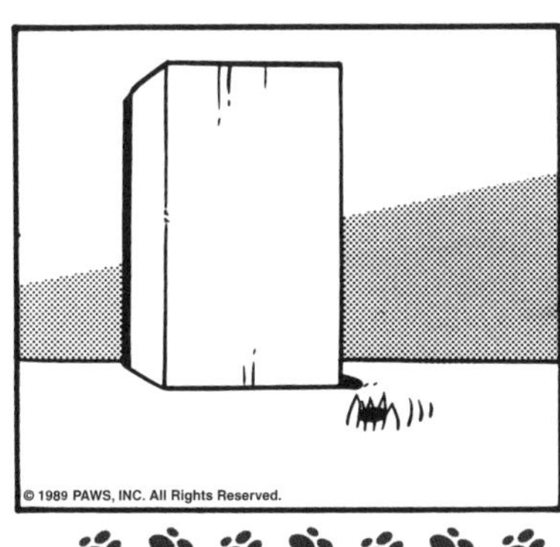
© 1989 PAWS, INC. All Rights Reserved.

CLOMP!

JIM DAVIS
11-20

JIM DAVIS 11-21
© 1989 PAWS, INC. All Rights Reserved.

WHOCK!

JIM DAVIS
© 1989 PAWS, INC. All Rights Reserved.

IIIIIH!
11-22

WHOMP!
IIIIIH!
JIM DAVIS
11-23
JIM DAVIS 11-24
FWIP FWIP FWIP
IIIIIH!
KOMM RUNTER, SPINNE!
SCHAU, WAS WIR DA HABEN...
DU MAGST DOCH SICHER SCHOKO-MILCHSHAKES, ODER?
JIM DAVIS 11-25

Garfield
DICKY SCHMERBAUCH FETTO

SEUFZ!

ECHT NIX LOS AN DIESEM SONNTAG-NACHMITTAG, WAS, GARFIELD?
SO IST ES.
© 1989 PAWS, INC. All Rights Reserved.

DA HOL ICH EINFACH MEINE KLAMPFE UND SINGE EINEN BLUES!
ANGEBER!

HAB KEINE GROSCHEN UND KEINE SOHLEN DES SCHUH-HUHS. BIN GANZ ALLEIN JETZT, DRUM BLEIBT MIR NUR NOCH DER BLUE-HUS...

HEDA, SCHÖNES FRÄULEIN! ICH BIN IN BLUES-STIMMUNG! WOLLEN SIE MICH AUFHEITERN?

SIE?! IN BLUESSTIMMUNG?! HA! SO WIE SIE DA IM PULVERBLAUEN OXFORDHEMD IN IHREM MITTEL-KLASSE-VORORTHAUS SITZEN, HABEN SIE DOCH NULL AHNUNG, WAS WIRKLICH BLUES IST!
JPM DAVIS
11-26

WOHL NEIDISCH, DASS ICH ERFOLG HABE, WIE?!!
DAS WAR'S DANN MIT DEM FRIEDLICHEN SONNTAGNACH-MITTAG!

GÄHN!
JIM DAVIS
11-27

UIK!

DAS IST DER SOGENANNTE KALTE-BODEN-SCHOCK!

GARFIELD, DU HAST KEINE SELBSTBE-HERRSCHUNG!
ACH JA? DANN PASS MAL AUF!

HINLEGEN, JUNGE!
SO IST'S GUT!
PLOPP!

ÄTZEND!
SCHLAF EIN, JUNGE! BRAV GEMACHT!
CHR!
JIM DAVIS
11-28

AH, DAS IST HEUTE MEINE ERSTE TASSE KAFFEE!

UND DAS IST HEUTE MEIN ERSTER LOCH-KRAPFEN!
JIM DAVIS 11-29

HEE, WO IST MEIN FRÜHSTÜCK?
DAS WAR HEUTE DER ERSTE STREICH, JON!

ACH, SIEHST DU HEUTE ABER FRÖHLICH AUS!
JIM DAVIS
11-30
© 1989 PAWS, INC. All Rights Reserved.
ICH GEB MIR AUCH DIE GRÖSSTE MÜHE!
ICH HAB MIR DIE OHREN HOCHGEBUNDEN!
ICH ESSE UNSER LETZTES SPEISE-EIS, GARFIELD!
FEIN!
JIM DAVIS
12-1
ICH ESSE ES, HÖRST DU, UND NICHT DU!
VIEL SPASS!
© 1989 PAWS, INC. All Rights Reserved.
ICH HABE ES DURCH SPEISEFETT ERSETZT!
DAS IST EIN FLOHHALSBAND, GARFIELD!
© 1989 PAWS, INC. All Rights Reserved.
UND WEISST DU, WAS WIR MIT FLOHHALSBÄNDERN MACHEN?
NEIN... JETZT RATE NOCH MAL!
JIM DAVIS
12-2

GARFIELD®
ICH HÄTTE SCHWÖREN KÖN-NEN, MEINE GEHEIMFORMEL LAG HIER IRGENDWO RUM!

JIM DAVIS
12-3

© 1989 PAWS, INC. All Rights Reserved.

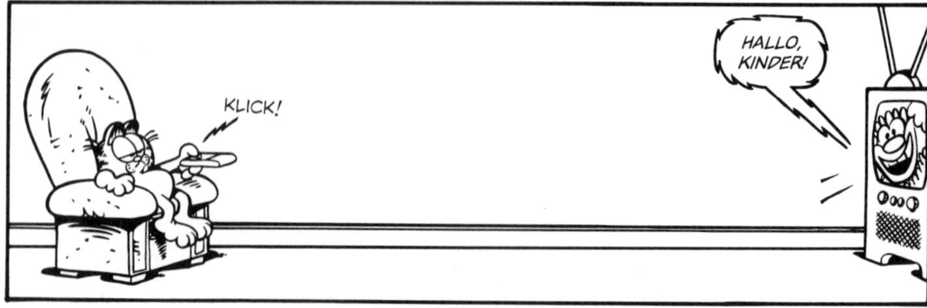
KLICK!
HALLO, KINDER!

5-4-3-2-1!
AAAAAAAH!
MIT „KATZENHAAR IN DER ZAHNBÜRSTE" SCHAFFE ICH IHN IMMER WIEDER!
FÄLLT DIR HEUTE WAS BESONDERES AN MIR AUF, GARFIELD?
HMMMM?!
ETWA DIE CLOWNMASKE, DIE ICH DIR AUFGESETZT HABE, WÄHREND DU GESCHLAFEN HAST?
ICH HABE EIN NEUES HEMD!
ICH ACHTE WOHL ZU WENIG AUF DETAILS!
HEUTE WIEDER KEINE POST!
GARFIELD, HAST DU DEN POSTBOTEN WIEDER GEÄRGERT?
RUHIG BLUT!
ER KOMMT BESTIMMT SEINE HOSE HOLEN!
DU BIEST!

HAST DU MEINE GESTREIFTE KRAWATTE GESEHEN, GARFIELD? ICH SEHE SIE NIRGENDWO!
NUN JA, DANN MUSS ICH EBEN DIE GEPUNKTETE ANZIEHEN!
JETZT KOMMT **UND** GEHT ER GLEICHZEITIG!
JIM DAVIS 12-7
BEI HUNDEN SIEHT MAN LEICHT, WAS FÜR EINE LAUNE SIE HABEN! DAS IST BEI DIR ANDERS, GARFIELD!
NICHT WIRKLICH.
SO BIN ICH GLÜCKLICH.
UND SO WÜTEND!
JIM DAVIS
12-8
GARFIELD! WACH AUF!
12-9
O NEIN! SCHON WIEDER IN DER ECKE GESCHLAFEN!
LACHT NUR, LEUTE! UND SAGT JA NICHT, DASS EUCH SO WAS NOCH NIE PASSIERT IST!
JIM DAVIS

GARFIELD®
DIE SCHLAFLOSIGKEIT FORDERT EIN WEITERES OPFER!

GARFIELD

KLÄFF!
SPLAT!
GARFIELD

KLATSCH!
BOINK
BOINK
BOINK
© 1989 PAWS, INC. All Rights Reserved.

QUIIIE
QUIIIE
QUIIIE

JIM DAVIS

HAB NIX GESEHEN!
BIFF!
POW!
BAP!
12-10

WAS WOLLT IHR HEUTE MACHEN, JUNGS?
JIM DAVIS
© 1989 PAWS, INC. All Rights Reserved.
WOLLT IHR DEN BAUM SCHMÜCKEN?
DAS WÄR LUSTIG!
12-11
JIM DAVIS
ICH HABE DEN BAUM MITGEBRACHT, JUNGS! ABER SOLANGE ER UNGESCHMÜCKT IST, KANN ICH KEINE GESCHENKE DRUNTERLEGEN!
WHOOSH
© 1989 PAWS, INC. All Rights Reserved.
12-12
DANEBEN, JUNGS!
DIESMAL MEHR NACH RECHTS, ODIE! SCHNELL! JEDE SEKUNDE ZÄHLT!
JON STELLT MEIN GESCHENK GENAU HIERHIN! ES IST GROSS, SEHR TEUER UND... UND...
JIM DAVIS 12-13
HMM... GROSS!
© 1989 PAWS, INC. All Rights Reserved.
ES IST GROSS UND SEHR...

JIM DAVIS 12-14
ICH HAB DIR NOCH KEIN WEIHNACHTSGESCHENK GEKAUFT, GARFIELD.
WIE SOLL ICH DANN HERAUSFINDEN, WO DU ES VERSTECKT HAST?
© 1989 PAWS, INC. All Rights Reserved.
JIM DAVIS 12-15
AH-HA!
SWIPE
RIP
ICH HAB NOCH IMMER KEINE GESCHENKE FÜR DICH GEKAUFT.
WAR MIR KLAR!
© 1989 PAWS, INC. All Rights Reserved.
ICH LIEBE DIE WEIHNACHTSZEIT!
SOLL MAN MICH RUHIG SENTIMENTAL NENNEN...
... ABER DIE HABGIER GEHT MIR NUN MAL ZU HERZEN!
JIM DAVIS 12-16
© 1989 PAWS, INC. All Rights Reserved.

GARFIELD®
OKAY, OKAY, ICH SINGE KEINE WEIH-NACHTSLIEDER MEHR!

MEIN PUBLIKUM WARTET!
KLINGE-LINGE-
LING!

KLINGE-LINGE-LING!

FESTTAGSGRÜSSE, IHR FESTEFEIERER! WIE KOMMT MAN ZUM NORDPOL?
JIM DAVIS 12-17

VOM SÜDPOL AUS IN JEDER X-BELIEBIGEN RICHTUNG!

WARUM FLIEGEN DIE RENTIERE DES WEIH-NACHTSMANNS? WEIL'S SCHNELLER GEHT ALS LAUFEN!

WIE VIELE ELFEN BRAUCHT MAN, UM EINEN KNAUTSCHSESSEL HERZUSTELLEN? SECHS, WENN MAN SIE KRÄFTIG REINSTOPFT!

UND HO-HO-HO, IST DER ALTE FETT!

OKAY, GARFIELD, ICH HABE ENDLICH EIN GESCHENK FÜR DICH GEKAUFT!
ABER VERSTECKT HABE ICH'S...
... AN EINEM **SICHEREN** ORT!
JIM DAVIS 12-18
© 1989 PAWS, INC. All Rights Reserved.
ER KOMMT NIE DAHINTER, WO ICH SEIN GESCHENK VERSTECKT HABE!
JIM DAVIS 12-19
© 1989 PAWS, INC. All Rights Reserved.
ICH WETTE, JON HAT MEIN GESCHENK UNTER DER COUCH VERSTECKT!
JIM DAVIS 12-20
© 1989 PAWS, INC. All Rights Reserved.

ODIE, DU BIST DOCH EIN HUND, ODER? SUCH MEIN WEIHNACHTS-GESCHENK!
WAFF!
SCHNÜFFEL SCHNÜFFEL SCHNÜFFEL SCHNÜFFEL SCHNÜFFEL SCHNÜFFEL
ER HAT 'NE HEISSE SPUR, LEUTE!
© 1989 PAWS, INC. All Rights Reserved.
12-21
JIM DAVIS
ODIE, ODIE, ODIE!
DU FINDEST ES NIE, GARFIELD!
© 1989 PAWS, INC. All Rights Reserved.
JUNGE, JUNGE, DER TYP KANN GESCHENKE ECHT GUT VERSTECKEN, ODER?
12-22
JIM DAVIS
ICH GEB'S AUF!
ICH HABE MEIN WEIHNACHTSGESCHENK ÜBERALL GESUCHT!
© 1989 PAWS, INC. All Rights Reserved.
ICH FINDE DAS DING EINFACH NIRGENDS!
JIM DAVIS
12-23

GARFIELD
MIR IST NACH FEIERN!

GARFIELD, WAS HÄTTEST DU WIRKLICH, **WIRKLICH** GERN ZU WEIHNACHTEN?
WAS ICH WIRKLICH, **WIRKLICH** MÖCHTE, IST...

...ÄH, SCHLAF LÄSST SICH WOHL SCHWER EINPACKEN, WIE?

UND ESSEN? DAS BEKOMME ICH DAS GANZE JAHR!
GARFIELD

ICH HAB MEINEN TEDDYBÄREN, MEIN BETT, DIESES HAUS...
GARFIELD

© 1989 PAWS, INC. All Rights Reserved.

... UND MEINE FREUNDE!
JIM DAVIS
12-24

WIRKLICH GERNE HÄTTE ICH VON ALLEM EINEN NACHSCHLAG!

OKAY, GARFIELD! ÖFFNE DEIN GESCHENK!
JIM DAVIS 12-25
ÜBERRASCHUNG!
WHA
DIE FAMILIE MIT ESSEN!
DU WEISST, WAS ICH MAG!
FROHE WEIHNACHTEN! JIM DAVIS
ICH LIEBE DIE FEIERTAGE! DA KOMMT DIE GANZE FAMILIE ZUSAMMEN UND SCHWELGT IN ERINNERUNGEN! FAST BEDAURE ICH, DASS BALD NEUJAHR KOMMT!
JIM DAVIS
BOOGIE! BOOGIE! BOOGIE!
UND DANN GIBT'S NOCH DIEJENIGEN, DIE NUR FÜR DEN MOMENT LEBEN!
WARUM TRÄGST DU DAS GESCHENK NICHT, DAS MAMA FÜR DICH GEMACHT HAT, GARFIELD?
AN ODIE SAH ES BESSER AUS!
GARFIELD!
JIM DAVIS 12-27

FÜRS NEUE JAHR NEHME ICH MIR VOR, HÖFLICHER ZU HUNDEN ZU SEIN!
KICK!
CRASH!
VERZEIHUNG!
12-28
JIM DAVIS
WAS MIR DAS NEUE JAHR WOHL BRINGEN WIRD?
WAHRSCHEINLICH VERPASSE ICH DAS HALBE JAHR IM HALBSCHLAF, STOPFE MICH MIT ESSEN VOLL UND BIN GEMEIN ZU ODIE!
IST NUR SO 'NE VAGE VER-MUTUNG!
JIM DAVIS
12-29
12-30
TRÖT!
SPOTZ!
WAS SOLL DENN DAS?
ICH ÜBE FÜR MORGEN ABEND!
JIM DAVIS

GARFIELD
ES IST NICHT LEICHT, EINE PARTY ANZUHEIZEN, GARFIELD!
DU WÜRDEST NICHT MAL 'NE PARTY IN DER PATHOLOGIE ANHEIZEN.

PLATZ DA, GARFIELD! HEUTE ABEND STEIGT DA DRAUSSEN EINE SILVESTERPARTY, DIE GANZ IN MEINEM ZEICHEN STEHT.
KANN ICH MITKOMMEN?

ALSO, WÄHREND ICH DIE PARTY ANHEIZE, SITZT DU IN DER ECKE UND TUST, WAS KATZEN SO TUN.
JAWOHL!
JIM DAVIS 12-31

ALLES AUFGEPASST! HIER KOMMT DER PARTYKNÜLLER!

TAGCHEN, ALLESAMT!

HAT HIER JEMAND 2000 PEPERONI-PIZZAS BESTELLT?

WER BIN ICH? UND WO HABE ICH DEN GUMMIGOCKEL HER?

ACHTUNG! WASSERBALLONS, MARSCH!

ICH LIEBE ES, WENN DER KÄSEDIP ZWISCHEN MEINEN ZEHEN KNARZT!
HE! STELLT DIE MOTORSÄGE AB!

ODER SEID IHR ALS MENSCHENOPFER HIER?
DEIN KATER IST TOLL!
WILLST DU IHN?
© 1989 PAWS, INC. All Rights Reserved

HEUTE IST ENDLICH NEUJAHR!
DAS FEIERE ICH DOCH GLATT IM GARFIELD-STIL!
CHR!
JIM DAVIS 1-1-90
© 1990 PAWS, INC. All Rights Reserved.
PFLOTSCH!
WARUM HAST DU DAS GETAN, GARFIELD?
WEGEN DER OHRENKLAPPEN, GLAUBE ICH!
1-2-90
JIM DAVIS
© 1990 PAWS, INC. All Rights Reserved.
SEHEN SIE JETZT DIE NEUESTE FOLGE VON „UNGLAUBLICH - ABER WAHR"!
AUCH DIE NACHFOLGENDE GESCHICHTE IST WIE IMMER WAHR!
BIS AUF DAS, WAS WIR DAZU ERFUNDEN HABEN, DAMIT'S SPANNENDER WIRD!
ICH LIEBE FERNSEHEN!
JIM DAVIS 1-3-90
© 1990 PAWS, INC. All Rights Reserved.

WAS GIBT'S NEUES, GARFIELD?
TJA, KING KONG SCHLÄGT SICH OBEN AUF DEM DACH MIT FLUGZEUGEN RUM, DIE ERDE WIRD ÜBESCHWEMMT VON HIRNFRESSENDEN AUSSER-IRDISCHEN...
ABER DAS SCHLIMMSTE IST: MEIN NAPF IST LEER!
GARFIELD
1-4-90
JIM DAVIS
© 1990 PAWS, INC. All Rights Reserved.
WILLST DU DEN REST CORNFLAKES NOCH?
GARFIELD, DU HATTEST DOCH SCHON SECHS KRAPFEN, SECHS PFANN-KUCHEN, EIN PFUND SCHINKEN UND EINEN LITER MILCH!
JA UND? WAS IST DER PUNKT?
1-5-90
JIM DAVIS
© 1990 PAWS, INC. All Rights Reserved.
SCHAU, JON! ALLES LEER GEFRESSEN!
ALLES BIS ZUM LETZTEN KRÜMEL WEGGEPUTZT! BIST DU STOLZ AUF MICH?
BEEINDRUCKT DICH WENIGSTENS, DASS ICH DEIN ESSEN GLEICH MITVERDRÜCKT HABE?
GARFIELD
JIM DAVIS
1-6-90
© 1990 PAWS, INC. All Rights Reserved.

GARFIELD
LOS, JUNGS! MACHEN WIR 'NE SCHNEE-BALL-SCHLACHT?
NÖ, ODIE SOLL NOCH MEHR STOSSSTANGEN ABLECKEN!

© 1990 PAWS, INC. All Rights Reserved.

PATSCH PATSCH PATSCH
PATSCH PATSCH PATSCH

JIM DAVIS
1-7

ZEIT ZUM SCHLAFEN-GEHEN!
JIM DAVIS
CRACK!
© 1989 PAWS, INC. All Rights Reserved.
ZEIT ZUM ABNEHMEN!
MIST!
1-8
ICH HAB 'NE NEUE DIÄT FÜR DICH, GARFIELD!
RIECHT TOLL!
SCHNÜFFEL SCHNÜFFEL
GARFIELD
DA, FÜR DICH!
KANN'S KAUM ER-WARTEN!
© 1989 PAWS, INC. All Rights Reserved.
JIM DAVIS
GARFIELD
NUR FRESSEN DARFST DU ES NICHT!
OJE! IST DAS DIE ESSENSDUFT-DIÄT?!
GARFIELD
1-9
1-10
© 1989 PAWS, INC. All Rights Reserved.
WAS MACHT DIE DIÄT?
ACH... SO NA JA!
JIM DAVIS

ZU DEINER DIÄT GEHÖRT, DASS DU TÄGLICH ZWÖLF GLAS WASSER TRINKST!
OKAY!
1-11
GARFIELD!
WAS MACHT DAS PIZZASTÜCK IN DEINEM GLAS?
PIZZA?! ICH DACHTE, DAS IST EIN STROH-HALM!
JIM DAVIS
DIÄT STINKT MIR!
JIM DAVIS
DA HAST DU DEINEN GEKOCHTEN KOHL, GARFIELD!
WIE SCHON GESAGT...
GARFIELD
1-12
HAB ERBARMEN! ICH BIN BLOSS EINE BADEZIMMERWAAGE!
1-13
ICH WIEGE KEIN MASTVIEH!
JIM DAVIS
AAAAAAAAAAAAHHHHH!

GARFIELD
WAS IST PASSIERT?
ODIE FÜHRT MIR GERADE VOR, WIE EIN CHIHUAHUA AUSSIEHT!

GARFIELD

JIM DAVIS
SCHWUPPS

SCHWUPPS

1-14
SCHWUPPS

SCHON GUT! SCHON GUT! ICH MACH DIR GLEICH DEIN FRÜHSTÜCK!

ICH HABE MIR AUGEN AUF DIE AUGENLIDER GEMALT.
FRAGT IHR EUCH, WARUM?
UND ICH ERINNERE MICH NOCH GANZ GENAU! ALS ICH DREI WAR, KAM MAMA OFT IN DEN HÜHNERSTALL UND SAGTE: „JONNY, JONNY, JONNY, WO HAST DU..."
CHR!
1-15
JIM DAVIS
© 1990 PAWS, INC. All Rights Reserved.
DAS WAR EIN TOLLES NICKERCHEN!
KRATZ! KRATZ!
STRETCH
1-16
JIM DAVIS
© 1990 PAWS, INC. All Rights Reserved.
MIR WACHSEN HAARE AUS DEN OHREN!
ICH WUSSTE, GLEICH KRIEGT ER 'NE KRISE!
JIM DAVIS
1-17
© 1989 PAWS, INC. All Rights Reserved.

CHR!

SURRRRRRRRRR

GARFIELD, HAST DU MEINEN BLEISTIFTSPITZER GESEHEN?
JPM DAVPS
1-18

DAS LEBEN AUF DER FARM WAR EINFACH KLASSE, GARFIELD!
NICHT SCHON WIEDER!

DER SANFTE SOMMERWIND, DIE WOGENDEN WEIZENFELDER...

DANN KAMEN HEUSCHRECKEN-SCHWÄRME!
HURRA! EIN HAPPY END!
JPM DAVPS 1-19

JON DENKT, ER KRIEGT MICH ZUM TIERARZT, WENN ER EINE FALLE MIT GEGRILLTEM KÄSETOAST ALS KÖDER AUFSTELLT!
JPM DAVPS

FÜR WAS FÜR EINEN VERFRESSENEN IDIOTEN HÄLT JON MICH EIGENTLICH?

WAS, OHNE GÜRK-CHEN?
1-20

GARFIELD®
DIE PLÄTZCHENVERKÄUFER SIND WIEDER DA!

CHR!

JIM DAVIS 1-21

HECHEL
HECHEL
HECHEL
HECHEL

ICH WILL SCHLAFEN, ODIE! VERZIEH DICH!
HECHEL
HECHEL
HECHEL

GÄHN!

PLATSCH!

ICH WEISS JETZT NICHT, OB ICH SCHREIEN ODER MIR EIN GUMMIBOOT KAUFEN SOLL?

TICK
TICK
TICK
TICK
TICK
TICK
TICK
DAS TICKEN MACHT MICH NOCH WAHNSINNIG!

SCHÜTTEL
SCHÜTTEL
SCHÜTTEL

TACK
TACK
TACK
TACK
TACK
TACK
JIM DAVIS 1-22

JIM DAVIS

DA, JON! HALT MAL DEN KNOCHEN!
1-23

WO HAST DU DEN DENN HER?

JON, ICH HABE GUTE UND SCHLECHTE NEUIGKEITEN!

DIE SCHLECHTE NEUIGKEIT IST, DASS ODIES GESICHT IN DEN STAUBSAUGER GERATEN IST.

DIE GUTE NACHRICHT IST, WIR HABEN JETZT EINE LÖSUNG FÜR UNSER AMEISENPROBLEM.
JIM DAVIS 1-24

1-25

HA! ICH WAR SCHNELLER!

ÄH, GARFIELD, KÖNNTEST DU WOHL DIE KRALLEN AUS MEINER HAND NEHMEN?!
NENN MIR EINEN GUTEN GRUND!
JIM DAVIS

EURE MAHLZEIT, EDLER HERR!
RFIELD
1-26

ENDLICH HAT ER KAPIERT, DASS ER MEIN UNTERTAN IST!
RFIELD

DAS WAR IRONISCH GEMEINT!
VERDIRB MIR NICHT MEIN HOCHGEFÜHL, JON!
JIM DAVIS

KATZEN-FUTTER
GARFIEL
JIM DAVIS

KATZEN-FUTTER

IST DAS DEIN NEUER NAPF, GARFIELD?
NÖ! DEIN ALTES PLANSCHBECKEN!
GARFIELD
1-27

GARFIELD
GARFIELD
BITTE NIE JEMAND, DIR BEIM FASTEN ZU HELFEN!

GRINKA

?

GRINKA
GRINKA

GRINKA
GRINKA
GRINKA
GRINKA
GRINKA

BLÖDER FERNSEH-SESSEL!

WHAP
JIM DAVIS
1-28

NIX DA, GARFIELD!
ABER, JON!
MACH 'NE DIÄT!
BITTEEEE!
ICH WEIGERE MICH, DEINE FÜSSE ZU BESCHREIBEN!
SAG MIR NUR, OB SIE GLÜCKLICH SIND!
JIM DAVIS
1-29
© 1990 PAWS, INC. All Rights Reserved.
HAST EIN WENIG AN GEWICHT ZUGELEGT, WAS, GARFIELD?
ÜBERHAUPT NICHT!
ACH ÜBRIGENS, DEIN TABLETT STEHT AUF MEINEM BAUCH.
JIM DAVIS 1-30
© 1989 PAWS, INC. All Rights Reserved.
AH, DA IST ER!
ES HEISST, SENKRECHTE STREIFEN LASSEN EINEN SCHLANKER AUSSEHEN!
IN MEINEM FALL EHER WIE 'NE WASSERMELONE!
JIM DAVIS
1-31
© 1989 PAWS, INC. All Rights Reserved.

ICH BIN ZU FETT!

ZURR!

JETZT BIN ICH ZU GROSS!
JIM DAVIS
2-1

HA, EINE GLÄNZENDE IDEE!

SO SCHLANK SAH ICH NOCH NIE AUS!

JIM DAVIS
2-2

VIELLEICHT KANN MICH DER FERNSEHSESSEL SCHLANK PRESSEN!
2-3
JIM DAVIS

HE! ES HAT GEKLAPPT!

NENNT MICH EINFACH „BOHNENSTANGE"!

GARFIELD
GARFIELD, DU WEISST NICHT ZUFÄLLIG, WAS MIT MEINEM FARN PASSIERT IST?
WER, ICH?

SEUFZ!

JON IST NICHT ZU HAUSE!

ODIE MACHT EIN NICKER-CHEN!
CHR!

UND POOKY IST IN DER REINIGUNG!

JIM DAVIS 2-4

SEUFZ!

GÄHN!
JIM DAVIS
2-5

WIE SPÄT ES JETZT WOHL IST?

MAL SEHEN... DER GROSSE ZEIGER LIEGT AUF DEM BODEN, DER KLEINE UNTER DER COUCH, DANN IST ES JETZT UNGEFÄHR HAARGENAU...

KOMM, GARFIELD! DAS WIRD DIR GEFALLEN!
AB-WARTEN!
JIM DAVIS

EIN SCHÖNES ABENDROT...
2-6

... UND EIN KEKS!
HAST RECHT!

KENNT IHR DIE NÄCHTE, IN DENEN MAN NICHT SO SONDERLICH GUT SCHLÄFT?
2-7 JIM DAVIS

JON AUCH!

SCHAU, GARFIELD, EIN LÖWE!
MEIN GROSSONKEL WAR EIN LÖWE!
LÖWE
© 1990 PAWS, INC. All Rights Reserved.
DER KÖNIG DES DSCHUNGELS!
JA, ER WAR EIN TOLLER HECHT!
DER MÄCHTIGE JÄGER...
BIS ER MAL EINEN KRANKEN AFFEN FRASS...
JIM DAVIS
2-8
GARFIELD, HIER STAND DOCH EBEN NOCH EINE KASSEROLLE MIT LASAGNE!
© 1989 PAWS, INC. All Rights Reserved.
WO IST DIE LASAGNE?
DIE RUHT ANGENEHM.
UND DIE KASSEROLLE?
DIE RUHT NICHT SO ANGENEHM.
JIM DAVIS
2-9
GARFIELD, WAS HABE ICH DIR ÜBERS HOCHKLETTERN AN GARDINEN GESAGT?
JIM DAVIS
ICH KLETTERE NICHT AN GARDINEN HOCH!
© 1989 PAWS, INC. All Rights Reserved.
ICH BIN MOMENTAN NUR EXTREM ELEKTROSTATISCH AUFGELADEN.
2-10

GARFIELD
HUNGRIG, GARFIELD?
LEERE!

DER MÄCHTIGE LÖWE LIEGT AUF DER LAUER.

ER ERSPÄHT EINE HERDE SPIEGELEIER.

SIE SPÜREN DIE GEFAHR, WERDEN UNRUHIG...

ER SPRINGT!

DER STAUDAMM ÜBER DEM DORF BRICHT UND STRÖME VON ORANGENSAFT ERGIESSEN SICH ÜBER DIE KÄMPFENDEN!
JIM DAVIS 2-11

KANN ICH NICHT MAL NORMAL FRÜHSTÜCKEN?
PLÖTZLICH HÖRT ER IM BUSCH TOASTSCHEIBEN RASCHELN!

OKAY, BEI KOPF SEHE ICH FERN, BEI ZAHL BLEIBE ICH IM BETT!
JIM DAVIS
HALLO-HO, KINDER!
2-12
ICH HELFE JON BEIM HAUSPUTZ.
HIER, JON, ICH HAB DIE PRALINEN-SCHACHTEL AUS-GERÄUMT!
MAL SEHEN, OB NOCH IRGENDWAS DIE PLÄTZCHENDOSE VERUNREINIGT!
JIM DAVIS
2-13
2-14
JIM DAVIS
KEINER KANN WIE DU ENTSPANNEN, GARFIELD! WIE MACHST DU DAS BLOSS?
ABRUTSCHEN, WENN MAN AUF DEM KRONLEUCHTER SCHAUKELT, IST SEHR HILFREICH!

JIM DAVIS 2-15
ICH WERDE IGNORIERT!
© 1990 PAWS, INC. All Rights Reserved.
KANN ICH EINE DEINER LOCKEN HABEN?
SCHNIPP!
ICH HEBE SIE ZUM ANDENKEN DARAN AUF, WIE DOOF DU GERADE AUSSIEHST!
2-16 JIM DAVIS
© 1990 PAWS, INC. All Rights Reserved.
HEUTE IST MIR AUF DEM WEG ZUM ZAUN WAS IRRE KOMISCHES PASSIERT!
2-17
© 1990 PAWS, INC. All Rights Reserved.
JIM DAVIS

Garfield

CHR!

CHR!

POINK!

DEEEEEHN!

KNARZ!

PLOPP!
JIM DAVIS
2-18

FEHLSTART.
CHR!
© 1990 PAWS, INC. All Rights Reserved.

ICH WEISS NUR ZWEI DINGE ÜBER DAS LEBEN...
ICH LIEBE MEINEN TEDDYBÄREN UND MEIN TEDDYBÄR LIEBT MICH!
EINFACHE WAHRHEITEN SIND DIE ABGRUNDTIEFSTEN WAHRHEITEN!
JIM DAVIS 2-19
© 1990 PAWS, INC. All Rights Reserved.
JIM DAVIS 2-20
© 1989 PAWS, INC. All Rights Reserved.
LOS GEHT'S, POOKY!
HALT DICH JETZT GUT FEST!
SCHNIEF, SIE WERDEN JA SO SCHNELL ERWACHSEN!
2-21
JIM DAVIS
© 1989 PAWS, INC. All Rights Reserved.

GEHST DU MIT JOGGEN!
ICH HABE ZU TUN!
ALSO EHRLICH, GARFIELD! ICH HABE FAST DEN EINDRUCK, DU HÄLTST MEHR VON DEM TEDDYBÄREN ALS VON MIR!
ACHTE NICHT AUF DAS, WAS WIE-HEISST-ER-GLEICH SAGT, POOKY!
JIM DAVIS
2-22
© 1989 PAWS, INC. All Rights Reserved.
JIM DAVIS
HAST DU DEINEN TEDDY GEBADET?
DU HAST'S ERRATEN!
2-23
© 1989 PAWS, INC. All Rights Reserved.
WESHALB VERLIERE ICH MEINEN TEDDYBÄREN IMMER WIEDER? WESHALB KANN ICH IHN NIE FINDEN?
POOOOOOOO-KY!
UND WESHALB LEGE ICH EIGENTLICH DIE PFOTEN AN DEN MUND?
JIM DAVIS
2-24
© 1990 PAWS, INC. All Rights Reserved.

GARFIELD
PLASTIK-VOGEL-TRÄNKEN DARF MAN NICHT SO DIREKT ANGEHEN!

PFFFFT!

PFFFFFFT!

JIM DAVIS
2-25

HE, GARFIELD! FRÜHSTÜCK!
JIM DAVIS
CRACK!
CRACK!
2-26
DU WEISST NICHT ZUFÄLLIG, WER MEINE DECKE AN MEIN BETT GENAGELT HAT?
HIHIHIHI!
© 1990 PAWS, INC. All Rights Reserved.
JIM DAVIS
ODIE
© 1990 PAWS, INC. All Rights Reserved.
SCHLUCK!
2-27
HALT, UN-GEZIEFER!
IIIH!
2-28
© 1990 PAWS, INC. All Rights Reserved.
DU ENT-KOMMST MIR NIE!
HILFE, HILFE!
EINE DER WELT-BERÜHMTEN JAGDSZENEN!
CHR!
CHR!
JIM DAVIS

WAS IST DENN DAS DA, MAMI?
JIM DAVIS 3-1
TJA, WAS SO NIEDLICH AUSSIEHT, DAS IST EINE KATZE! ÄH... DAS ANDERE SCHEINT EINE ART FETTES WIESEL ZU SEIN!
© 1990 PAWS, INC. All Rights Reserved.
LÄSST DU WIRKLICH ZU, DASS DIE SO ÜBER DICH REDEN?
ICH VEREHRE DICH! ICH BETE DICH AN! ICH LIEBE DICH MEHR ALS MEIN LEBEN! OHNE DICH KANN ICH NICHT SEIN!
© 1990 PAWS, INC. All Rights Reserved.
ÄH... GARFIELD?
JA?
JIM DAVIS 3-2
WESHALB REDEST DU DENN MIT MEINEM EIS AM STIEL?
BLÜMCHEN FÜR DICH, MEINE LIEBE!
JIM DAVIS 3-3
UI, ICH WETTE, DIE SAHEN MAL GANZ HÜBSCH AUS!
© 1990 PAWS, INC. All Rights Reserved.
UND HABEN GE-SCHMECKT!

GARFIELD
ICH NEHME DANN DIE KEULE!

BUDDEL
BUDDEL
BUDDEL
BUDDEL
BUDDEL

BUDDEL
BUDDEL
BUDDEL
BUDDEL
BUDDEL

BUDDEL
BUDDEL
BUDDEL
BUDDEL
JIM DAVIS
3-4

BUDDEL
BUDDEL

BUDDEL
BUDDEL
BUDDEL
BUDDEL
BUDDEL

ÄH, ODIE...!
BUDDEL
BUDDEL
BUDDEL
BUDDEL
BUDDEL
© 1990 PAWS, INC. All Rights Reserved.

GARFIELD, DAS LEBEN IST WIE EIN BLUMENKORSO!
MAN MUSS DABEI SEIN UND ES GENIESSEN!
DAS SAGTE ONKEL ARNO AUCH IMMER!
WARUM BLEIBST DU LIEGEN?
EIN BLUMENFESTWAGEN HAT IHN ÜBERFAHREN!
JIM DAVIS 3-5
© 1989 PAWS, INC. All Rights Reserved.
WAS FÜR EIN HERRLICHER TAG!
ER SAGT FÖRMLICH: „KOMMT RAUS ZU MIR UND GENIESST MICH!"
ICH BEVORZUGE TAGE, DIE SAGEN: „BLEIB ZU HAUSE, ENTSPANN DICH, SIEH FERN, MACH EIN NICKERCHEN!"
JIM DAVIS 3-6
© 1990 PAWS, INC. All Rights Reserved.
ICH BIN DEPRIMIERT, GARFIELD!
UND WEISST DU, WOMIT ICH MICH AUFHEITERE, WENN ICH DEPRIMIERT BIN?
ICH SPIELE AUF BONGOTROMMELN!
JETZT BIN **ICH** DEPRIMIERT!
JIM DAVIS 3-7
© 1990 PAWS, INC. All Rights Reserved.

MIR IST LANG-WEILIG!
WILLST DU MEINE ZUNGE ANSCHAUEN UND RATEN, WAS ICH GEGESSEN HABE?
ZISCH AB!
JIM DAVIS 3-8
DANKE!
JIM DAVIS 3-9
PFFFT
GARFIELD
GARFIELD
DAS PUBLIKUM RAST VOR BE-GEISTERUNG!
GARFIELD
JIM DAVIS 3-10

GARFIELD
WEITERFLATTERN, ODIE! WIR WOLLEN DOCH, DASS SICH DIE VÖGELCHEN FÜR WILLKOMMEN HALTEN!

TSCHIEP!
TSCHIEP!
TSCHIEP!

TSCHIEP!
TSCHIEP!
TSCHIEP!
JIM DAVIS

3-11

HIHI!

© 1990 PAWS, INC. All Rights Reserved.
HAHA!
HAHAAA

WAR'S SCHÖN DRAUSSEN, GARFIELD?
FAST HÄTTE ICH MICH TOTGELACHT!

© 1990 PAWS, INC. All Rights Reserved.
ALLS DU'S NICHT GEMERKT
BEN SOLLTEST: I HAB HIER
EBEN 'NE MAUS
VORBEIGEJAGT!
BRAVO!
KLATSCH
- KLATSCH
- KLATSCH
JIM DAVIS 3-12
© 1990 PAWS, INC. All Rights Reserved.
ODIE UND ICH GEHEN ZUM SPIELEN AUFS DACH!
MIT ROLL-SCHUHEN?
VOR-SICHT, DA UNTEN!
JIM DAVIS 3-13
HEUTE DREHE ICH MAL DEN SPIESS UM UND KLAUE GARFIELD DAS FRESSEN!
GARFIELD
JIM DAVIS 3-14
ICH HABE GARFIELDS FRESSEN!
ICH HABE GARFIELDS FRESSEN!
ARFIELD
© 1990 PAWS, INC. All Rights Reserved.
WAS IST DAHINTEN FÜR EIN LÄRM?

SCHON MAL BEMERKT, WIE ANDERE KATZEN HERUMTOBEN, GARFIELD?
DU TOBST NIE HERUM!
DU SCHWABBELST EHER!
ICH HABE SCHWACHE KNIE!
JIM DAVIS 3-15
ICH HABE MEINEN NAMEN VERLÄNGERT!
JIM DAVIS 3-16
UND ICH GLAUBE, DAS WIRD SICH BEZAHLT MACHEN!
HAST DEINEN NAMEN AUFGEMOTZT, WIE?
VOLL-MACHEN!
HERR GARFIELD HORATIO III.
WIR FAHREN AN DEN SEE, GARFIELD!
ICH HASSE DEN SEE!
RUDERN!
LETZTES MAL FRASS ICH 'NE KRÖTE...
FISCHEN!
... UND BEKAM WARZEN AUF DER ZUNGE!
JIM DAVIS 3-17

GARFIELD
DAS IST EIN KÜHL-SCHRANKMAGNET NACH MEINEM HERZEN!

CHR!

HMMM, HEUTE FUNKTIONIERT DIE ANSTARREN-BIS-ER-AUFWACHT-METHODE NICHT!
CHR!

CHR!
PATSCH PATSCH PATSCH
DIE PATSCH-IHN-MIT-DEM-SCHWANZ-WACH-METHODE HAUT AUCH NICHT HIN!

HÖCHSTE ZEIT, SCHWERES GESCHÜTZ AUFZUFAHREN!
CHR!

HI, ODIE!

DU WEISST, WAS DU ZU TUN HAST, JUNGE?
ZWINKER!
JIM DAVIS
3-18

TJA, DAS IST DIE KALTE-NASE-MITTEN-AUF-DEN-RÜCKEN-METHODE!
© 1990 PAWS, INC. All Rights Reserved.

IGITT, EINE SPINNE!
DIESE DOSE INSEKTENSPRAY SOLLTE DAS PROBLEM LÖSEN.
KRONG KRONG KRONG
JIM DAVIS 3-19
IST DIR KLAR, DASS ICH DEIN BESTER FREUND BIN, GARFIELD?
OH NEIN!
SAG BLOSS, DEM PIZZALIEFERANTEN IST WAS ZUGESTOSSEN?!
JIM DAVIS 3-20
HAHA, GARFIELD, DU SIEHST AUS WIE EIN ESKIMO!
RAUS AUS DEM TIEF-KÜHLFACH!
JIM DAVIS 3-21

GARFIELD, HAST DU MEINE SCHUHE GESEHEN?
GANZ OFT!
ACH, ÜBRIGENS...
HAST DU MEINE NEUEN BLUMENTÖPFE GESEHEN?
JIM DAVIS 3-22
© 1990 PAWS, INC. All Rights Reserved.
GARFIELD, DU FRISST SO VIEL WIE DREI KATZEN!
JIM DAVIS
ICH WEISS, JON. ICH SCHÄME MICH JA SO!
GARFIELD
JETZT SEI SO LIEB UND BRING DIE NACH-SPEISE!
SCHÖN, DASS WIR UNS MAL AUSGESPROCHEN HABEN
3-23
© 1990 PAWS, INC. All Rights Reserved.
FASZINIEREND!
JIM DAVIS 3-24
WEISST DU, GARFIELD, DIE LEUTE SOLLTEN VIEL MEHR BÜCHER LESEN!
DACHT ICH MIR'S DOCH!
© 1990 PAWS, INC. All Rights Reserved.

GARFIELD
HALTE DAS MAL EINE MINUTE!

SCHNÜFFEL
SCHNÜFFEL
SCHNÜFFEL
SCHNÜFFEL

SCHNÜFFEL
SCHNÜFFEL
SCHNÜFFEL
SCHNÜFFEL
SCHNÜFFEL
SCHNÜFFEL

SCHNÜFFEL
SCHNÜFFEL
SCHNÜFFEL
SCHNÜFFEL
SCHNÜFFEL
SCHNÜFFEL
SCHNÜFFEL
SCHNÜFFEL

SCHNÜFFEL
SCHNÜFFEL
SCHNÜFFEL
SCHNÜFFEL
SCHNÜFFEL
SCHNÜFFEL

SCHNÜFFEL
SCHNÜFFEL
SCHNÜFFEL
SCHNÜFFEL
SCHNÜFFEL

SCHNÜFFEL
SCHNÜFFEL

JIM DAVIS
3-25

GUTEN ABEND, DAMEN UND HIRNIS!
3-26
JIM DAVIS
SPLAT!
© 1990 PAWS, INC. All Rights Reserved.
DAS WAR DES GUTEN ZU VIEL!
CRASH!
TAPPITY
TAPPITY
TAPPITY
TAPPITY
TAPPITY
3-27
JIM DAVIS
© 1990 PAWS, INC. All Rights Reserved.
SPLAT!
TAPPITY
TAPPITY
TAPPITY
POINK
POINK
3-28
JIM DAVIS
© 1990 PAWS, INC. All Rights Reserved.
SPLUT!
„SCHWANEN-TORTE"!
CLAP CLAP
CLAP
CLAP
CLAP
CLAP

TAPPITY
TAPPITY
TAPPITY
3-29
JIM DAVIS
REEEEK
SPLAT!
JETZT NOCH DAS FULMINANTE FINALE!
TAPPITY
TAPPITY
TAPPITY
TAPPITY
TAPPITY
TAPPITY
TAPPITY
TAPPITY
3-30
JIM DAVIS
DAS WAR'S FÜR HEUTE, LEUTE!
TAPPITY TAPPITY TAPPITY
3-31
JIM DAVIS
SHUNK!

GARFIELD
HEE! JA, DU DA! DERJENIGE, DER GRADE EBEN DIESE ZEITUNG LIEST! **HAST DU WAS ZU ESSEN?**

SCHNÜFFEL
SCHNÜFFEL

OHO! WAS ISN DAS?
GARFIELD

SIEHT AUS WIE EIN NAPF VOLLER FRESSEN FÜR MICH!
GARFIELD

UND JON IST NIRGEND-WO IN SICHT!
GARFIELD

MIR SCHEINT, ICH MUSS MICH SELBST BEDIENEN!
GARFIELD

ZIEH!
JIM DAVIS 4-1

KONNTEST ES NICHT ERWARTEN, JA?
GARFIELD
TAPP
TAPP
TAPP

SCHAU, GARFIELD! ICH HAB MICH PORTRÄTIEREN LASSEN!
JON
JIM DAVIS 4·2
ICH HOL DIE WURF-PFEILE!
© 1990 PAWS, INC. All Rights Reserved.
JIM DAVIS 4·3
SOLL ICH JON SAGEN, DASS AN SEINEM HOSENBEIN EINE SPINNE HOCH-KRABBELT?
© 1989 PAWS, INC. All Rights Reserved.
SOLL ICH JON SAGEN, DASS AN SEINEM HEMD EINE SPINNE HOCH-KRABBELT?
AAAAAAAAAH!
TJA, DAMIT HAT SICH DAS PROBLEM VON SELBST ERLEDIGT!
OH MANN, ICH HAB ZU VIEL GEGESSEN! WEISST DU, WAS ICH MEINE?
© 1990 PAWS, INC. All Rights Reserved.
JIM DAVIS 4·4
NEIN, DU WOHL EHER NICHT!
SCHLECKST DU DEINEN TELLER NICHT AB?

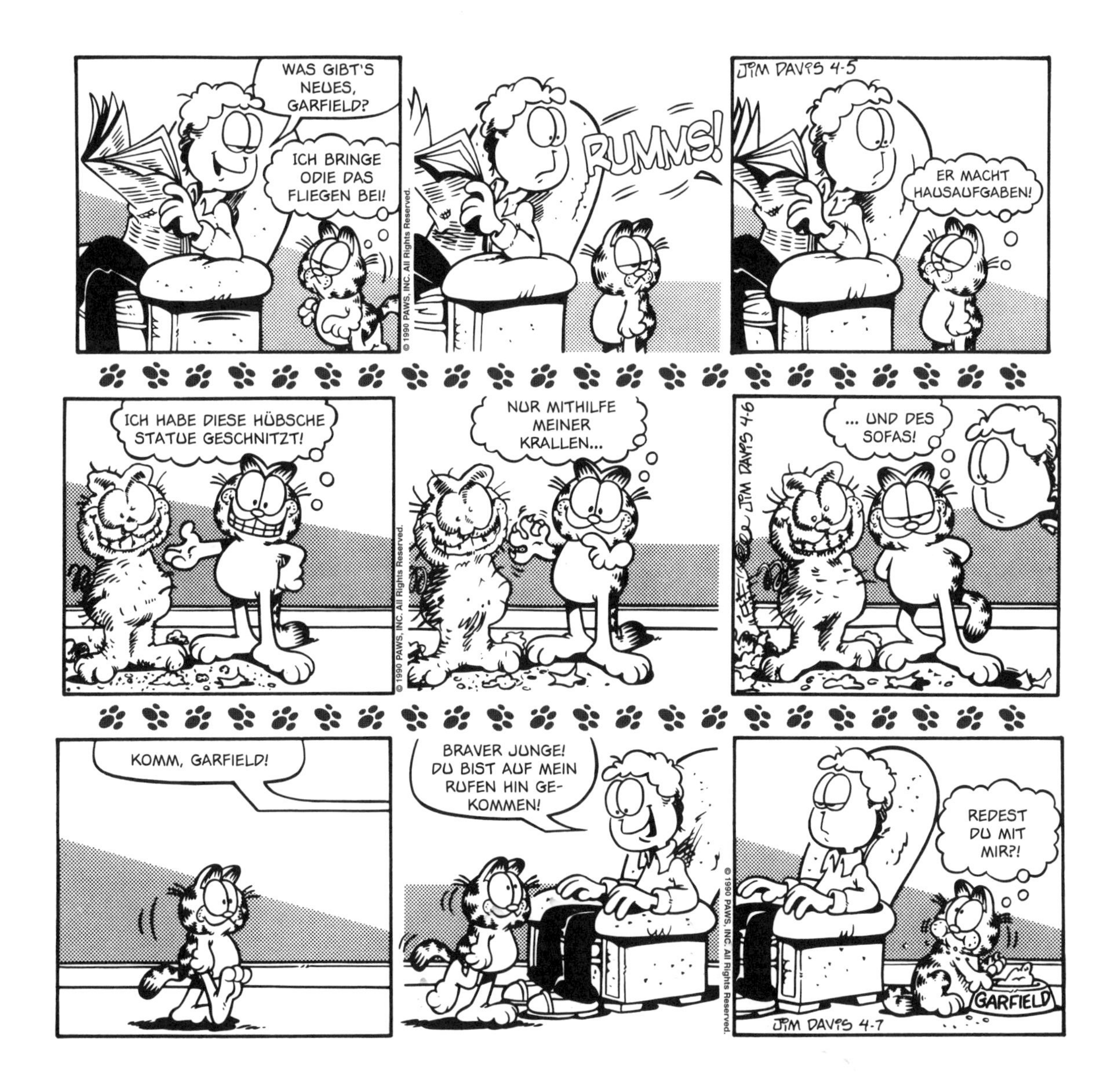
WAS GIBT'S NEUES, GARFIELD?
ICH BRINGE ODIE DAS FLIEGEN BEI!
© 1990 PAWS, INC. All Rights Reserved.
RUMMS!
JIM DAVIS 4-5
ER MACHT HAUSAUFGABEN!
ICH HABE DIESE HÜBSCHE STATUE GESCHNITZT!
© 1990 PAWS, INC. All Rights Reserved.
NUR MITHILFE MEINER KRALLEN...
JIM DAVIS 4-6
... UND DES SOFAS!
KOMM, GARFIELD!
BRAVER JUNGE! DU BIST AUF MEIN RUFEN HIN GE-KOMMEN!
© 1990 PAWS, INC. All Rights Reserved.
REDEST DU MIT MIR?!
GARFIELD
JIM DAVIS 4-7

GARFIELD®
ÖHA, DAS IST MAL EIN GESICHT, BEI DEM SELBST EINE MUTTER KREISCHEN WÜRDE!

KUCKUCK KUCKUCK

GARFIELD, ICH KÖNNTE DEN GANZEN ABEND HIER SITZEN UND DICH STREICHELN!

ABER ES IST FAST SIEBEN UND ICH MUSS MICH FÜR MEIN RENDEZVOUS UMZIEHEN! DU MUSST JETZT HIER RUNTER!
MIR GEFÄLLT ES HIER!

LOS, GARFIELD! SIE KANN JEDE SEKUNDE KOMMEN! GEH RUNTER!
ABER HIER IST'S WARM UND BEQUEM!

DING DONG
ACH HERRJE! DA IST SIE SCHON! GARFIELD, GEH RUNTER!

AU! HEE! KEINE KRALLEN! HÖR AUF! GEH RUNTER DA! MACH SCHON! AU! HÖR AUF!
JIM DAVIS

ACH, WIE BEZAUBERND DU HEUTE ABEND AUSSIEHST!
4-8

WEISST DU, WAS? IN LETZTER ZEIT SETZEN WIR BEIDE ETWAS SPECK AN, GARFIELD!
OINK! OINK!
JIM DAVIS 4-9
© 1990 PAWS, INC. All Rights Reserved.
GARFIELD
WIR SOLLTEN GEMEINSAM ABSPECKEN!
SPECK DU DICH GEMEINSAM AB!
GARFIELD
GETEILTES LEID IST SCHLIESSLICH HALBES LEID!
KOMMT ETWA DEINE FAMILIE ZU BESUCH?
GARFIELD
JIM DAVIS 4-10
© 1990 PAWS, INC. All Rights Reserved.
ODIE
GARFIELD, WIR SIND BEIDE AUF DIÄT! LASS ODIES FRESSEN IN RUHE!
ODIE
ODIE
KNURR!
JIM DAVIS 4-11
ROAARR
DIÄT-WETT-KNURREN!
SIEGER BIN ICH!
© 1990 PAWS, INC. All Rights Reserved.

AHA!
AHA!

ZU WENIG ZU FRESSEN, GARFIELD?!

WARTE! DAS HABEN WIR GLEICH!

GARFIELD, DAS IST DIE GESÜNDESTE DIÄT, DIE WIR JE GEMACHT HABEN!

ES FEHLT DABEI NUR EINES: WAS ZU...

... ESSEN!
GENAU!

GARFIELD®
WIE MÖGEN SICH ERST MELONEN FÜHLEN, WENN SIE GEDRÜCKT WERDEN?

Z

FRÜHSTÜCK, GARFIELD!

SCHLÜRF!

NIMM DIE BLÖDE DECKE AB!
WUTSCH!

© 1990 PAWS, INC. All Rights Reserved.

SCHLÜRF!
4-15
JIM DAVIS

DIESE SCHÜRZE WIRD GARFIELD SPASS MACHEN!
KÜSS DEN KOCH!
JIM DAVIS 4-16

ÄH, GARFIELD...
KÜSS DEN KOCH!

SCHON GUT!
WAS?
KÜSS DEN KOCH!
GIB MIR FUTTER!

GUTEN MORGEN, GARFIELD!

GUTEN MORGEN!

DU MUSST REDUZIEREN!
JA, STIMMT! ICH NEHME DANN NUR NOCH EINE ELFTE TASSE KAFFEE!
JIM DAVIS 4-17

ARMER JON!

ER WOLLTE EINEN MARATHONLAUF GEWINNEN...

... FIEL ABER SCHON BEIM SCHNÜRSENKELEINFÄDELN IN OHNMACHT.
JIM DAVIS 4-18

ICH HABE GARFIELD HEUTE NACH DRAUSSEN GESCHICKT.
JIM DAVIS 4·19
© 1990 PAWS, INC. All Rights Reserved.
VIELLEICHT DENKT ER IM FREIEN NICHT SO VIEL ANS FRESSEN!
EIN LKW VOLL NAPFKUCHEN IST VERUNGLÜCKT!
ICH SEH'S!
WEISST DU, GARFIELD, MANCHMAL DENKE ICH, MEIN LEBEN IST SCHIEFGE-LAUFEN...
© 1989 PAWS, INC. All Rights Reserved.
... UND ICH BIN EIN VERSAGER UND LANGWEILER!
JIM DAVIS 4·20
ABER DANN HOLE ICH MEINE FUSSEL-SAMMLUNG HERAUS UND WEISS, DASS ALLES GUT IST!
CHR!
SIND SIE TRÄGE, LIEBE ZUSCHAUER?
JIM DAVIS 4·21
WIR KÖNNEN DAS ÄNDERN!
NEIN DANKE!
© 1990 PAWS, INC. All Rights Reserved.
ICH BIN DER ERFINDER DER TRÄGHEIT!

GARFIELD
KASSE
FOTOS
T-SHIRTS
SEHEN SIE DEN FETTESTEN KATER DER WELT!
WENN ICH NICHT ZEHN PROZENT DER EINNAHMEN KRIEGEN WÜRDE, WÄR ICH STINKSAUER!
LIVE
DER HUND OHNE HIRN

JON SAGT, ICH HABE KEIN DURCHSETZUNGSVERMÖGEN.

LAUFEN EBEN EIN PAAR MÄUSE HIER RUM! NA, WENN SCHON!

UND EIN ODER ZWEI EICHHÖRNCHEN! WAS SOLL'S!
JIM DAVIS 4-22

WAHRSCHEINLICH IST ER WEGEN DER GÜRTELTIERHERDE AUSGEFLIPPT!

EIN ALTER SCHULFREUND KOMMT ZU BESUCH, GARFIELD!
JIM DAVIS 4-23

DING-DONG!
DA IST ER SCHON!

SCHNARCHER!
KARPFENMAUL!
ICH ZIEH INS HOTEL!

SCHNARCHER, DAS IST MEIN KATER GARFIELD!
JIM DAVIS 4-24

SIEHT AUS WIE DU, KARPFEN-MAUL!
HAR! HAR! HAR! HAR!

BUGGA! BUGGA! BUGGA!
TRÖT! TRÖT!
DIESE WOCHE WIRD ENDLOS LANG!

DA SIND WIR IM BIOLOGIEKURS!
JA!
JAHRBUCH
JAHRBUCH
GARFIELD

WEISST DU NOCH, WIE WIR FRÖSCHE SEZIERTEN?
JA!
GARFIELD
JIM DAVIS 4-25

UND ICH DIR DIE LUNGE INS HEMD STECKTE?
JA!
AUF-HÖREN! ICH ESSE GERADE!
GARFIELD

JIM DAVIS 4-26
HIER SIND WIR BEIM ABSCHLUSSBALL!
JAHRBUCH
ZU DUMM, DASS WIR KEINE PARTNERINNEN FANDEN!
DAS IM CHIFFONKLEID WARST DU!
OB DAS KRÖNCHEN IM HAAR ÜBERTRIEBEN WAR?
ICH HABE GENUG GEHÖRT!
© 1990 PAWS, INC. All Rights Reserved.
HE, GARFIELD, HIER IST EIN FOTO VON DEINEM BESITZER IN DER ABSCHLUSSKLASSE!
ÄH...
Jon Arbuckle
„Karpfenmaul"
DAS ERKLÄRT SO EINIGES!
JIM DAVIS 4-27
© 1990 PAWS, INC. All Rights Reserved.
HE, KARPFENMAUL, ERINNERST DU DICH AN DEN „REPTILE"?
ACH JA, DER TANZ, DEN WIR AM BODEN TANZTEN! TOLLE SACHE! KOMM, DAS MACHEN WIR!
JIM DAVIS 4-28
JAHA... LET'S DANCE THE REPTILE!
THE REP-REP-REP-REP-REPTILE!
ICH KOMM NICHT HOCH!
ICH AUCH NICHT!
MAN KANN DIE UHR EBEN NICHT ZURÜCKDREHEN!
© 1990 PAWS, INC. All Rights Reserved.

GARFIELD®
GRRRRR!
GUT, DASS ICH AM BECKEN STEHE!

JUNGE, DAS WAR LUSTIG!
JAHR-BUCH

VIELEN DANK FÜR DEINEN BESUCH, SCHNARCHER!
JA, ES WAR SCHÖN, IN ALTEN SCHULERINNERUNGEN ZU KRAMEN!

ALSDANN TSCHÜS... UND TRÖT! TRÖT! TRÖT!

BUGGA! BUGGA! BUGGA!
JPM DAVIS 4-29

MÖÖÖP! MÖÖÖP! MÖÖÖP!
KLATSCH
KLATSCH
KLATSCH
JADDA! JADDA! JADDA!

WIEDE-WIEDE-WITT!
UGA! UGA! UGA!
© 1990 PAWS, INC. All Rights Reserved.

NJAAA! NJAAA! NJAAA!
HUGIE! HUGIE! HUGIE!
ICH HASSE LANGE ABSCHIEDS-SZENEN!

ACH, WIE DUMM VON MIR!
DAS WIRD SICHER EIN HEITERER TAG.
SORGE MACHT MIR NUR, DASS SICH JON KEINE SORGEN MACHT!
JIM DAVIS 4-30
© 1990 PAWS, INC. All Rights Reserved.
WENN JON AUSGEHT, MACHE ICH MIR GEDANKEN...
GEDANKEN DARÜBER, WANN ER WOHL HEIMKOMMT!
JIM DAVIS 5-1
© 1990 PAWS, INC. All Rights Reserved.
GARFIELD, ISS JA NICHT MEINEN LOCHKRAPFEN!
DEINE LIPPEN SAGTEN NEIN, DOCH DEINE AUGEN SAGTEN JA!
JIM DAVIS 5-2
© 1990 PAWS, INC. All Rights Reserved.

HÄ? DA WAR DOCH EIN GERÄUSCH?!
KLANG GANZ SO, ALS KÄME ES AUS DER KÜCHE!
KLICK!
HMM, WO HABE ICH DENN DIESE HÄSSLICHE STATUE HER?
EIS-KREM
JIM DAVIS 5-3
© 1990 PAWS, INC. All Rights Reserved.
HEUTE MORGEN SIEHT'S DRAUSSEN ZIEMLICH DÜSTER AUS, GARFIELD!
DENK DIR NICHTS, ICH HABE DA EIN GUTES GEGENMITTEL!
GUTEN MORGEN, LIEBE SONNE!
DAS SCHLIMME IST, ER HAT DIE GANZE NACHT DIESE DINGER GEBASTELT!
JIM DAVIS 5-4
© 1990 PAWS, INC. All Rights Reserved.
JON LIEBT SEINEN HAMBURGER „MIT ALLEM"!
„ALLES" IST: TOMATE, GURKE, SENF, KETCHUP, ZWIEBEL, KÄSE.
UND ICH NEHM DAS FLEISCH!
JIM DAVIS 5-5
© 1990 PAWS, INC. All Rights Reserved.

GARFIELD
KLOPF KLOPF
NIEMAND HIER, AUSSER UNS KRÜMELN!
PLÄTZCHEN

HMMM, DA FEHLT ETWAS SALZ!

S

© 1990 PAWS, INC. All Rights Reserved.
JIM DAVIS 5-6

Z

Z
AMATEURE!

JIM DAVIS 5-7

BUUH!
BUUUH!
BUUH!
BUHT MEINE WITZE RUHIG AUS! ICH MACH DAS NUR FÜR MEINE MUTTER.
5-8

MEINE LIEBE, SÜSSE MUTTER! „BRING MICH ZUM LACHEN, SÖHNCHEN", SAGTE SIE IMMER!

MACHT SEINE MUTTER FERTIG!
JAAA!
FIESES PUBLIKUM.
JIM DAVIS

ES IST SCHON WAS BESONDERES, WENN MAN POST BEKOMMT, GARFIELD!
JIM DAVIS 5-9

ES IST SCHÖN ZU WISSEN, DASS JEMAND AN EINEN DENKT!

„LIEBER NASSAUER, SCHICK DIE NÄCHSTE RATE, SONST PFÄNDE ICH DEINE ZÄHNE!"
VON DEINEM BRUDER! WIE LIEB!

GUTEN ABEND, MONSIEUR!
JIM DAVIS 5-10
ZU IHRER ERBAUUNG HABE ICH EIN LECKERES MAHL ZUBEREITET!
UND ZU IHRER ENTLASTUNG HABE ICH ES GLEICH SELBER GEFRESSEN!
© 1990 PAWS, INC. All Rights Reserved.
ICH WILL MIR ETWAS HONIG HOLEN. DAZU MUSS ICH ABER DIE BIENEN WEGLOCKEN.
JIM DAVIS 5-11
© 1990 PAWS, INC. All Rights Reserved.
DOCH ICH HABE EINEN GENIALEN PLAN.
LOS, ODIE, MACH JETZT GERÄUSCHE WIE EIN GÄNSEBLÜMCHEN!
GARFIELD, DEIN HUT IST IDIOTISCH!
ABER DU **BIST** NUN MAL EXZENTRISCH!
© 1990 PAWS, INC. All Rights Reserved.
UND GERISSEN!
JIM DAVIS 5-12

GARFIELD®
WIE ICH HÖRTE, BEISSEN DIE POSTBOTEN IN DIESER GEGEND BESONDERS GUT AN.

© 1990 PAWS, INC. All Rights Reserved.
AAAH!
ZWIP!
WHAM!

JIM DAVIS 5-13

UAAAAH!

AUAUAU!
AUAAAA!
AAAAARGH!
AH, BANANEN WIRKEN WIRKLICH WUNDER!
WHAM! WHAM! WHAM! WHAM!

MANCHMAL MUSS MAN SICH SELBER ZUM LACHEN BRINGEN!
JIM DAVIS 5-14

JA, ICH BIN'S, DER BANANENMANN! ICH BRINGE SPASS IN DIE WEITE WELT!

MAN LÄSST NUR HIER UND DA EINE SCHALE FALLEN!

UND SCHON GIBT'S INSTANT-SPASS!
JIM DAVIS 5-15

OJE, DA BLÄST ABER JEMAND GEWALTIG TRÜBSAL!

KEINE ANGST! DER BANANENMANN KOMMT GLEICH ZU HILFE!

VIELEN, VIELEN DANK, BANANENMANN! ES GEHT MIR SCHON BESSER!
JIM DAVIS 5-16

HACH! NOCH EIN TRÜBSAL-BLÄSER, DER HILFE NÖTIG HAT!
HILFE VOM BANANENMANN!
MUH?
JIM DAVIS 5·17
PFLATSCH!
GARFIELD, DU GEHST MIT DIESER BANANENSACHE ZU WEIT!
LACH, WENN DU DAF FAGFT, FONFT...
JIM DAVIS 5·18
GARFIELD, DEIN BANANENMANN-SPIEL GEHT MIR AUF DEN GEIST! SPIEL WAS ANDERES!
TAGCHEN, ICH BIN DER HÜHNERMANN UND WILL DICH AMÜSIEREN!
JIM DAVIS 5·19

AAAAAAAAAAAH!!!
© 1990 PAWS, INC. All Rights Reserved.

UND WAS HAST DU JETZT VOR?
JIM DAVIS

ICH GREIFE NACH JEDEM POSTBOTEN ZUR ZAHNSEIDE!
5-20

DER RASEN MUSS GESPRENGT WERDEN!
WICKEL WICKEL WICKEL!
JIM DAVIS 5-21

SURRRRRRRR
© 1990 PAWS, INC. All Rights Reserved.

GARFIELD!!!

JIM DAVIS 5-22
SCHNÜFFEL SCHNÜFFEL SCHNÜFFEL SCHNÜFFEL
?

SCHNÜFFEL SCHNÜFFEL SCHNÜFFEL SCHNÜFFEL
© 1990 PAWS, INC. All Rights Reserved.

KATZEN HABEN IMMER WAS VOR...
JIM DAVIS 5-23
© 1990 PAWS, INC. All Rights Reserved.

SIE SCHLEICHEN DURCHS HAUS, JAGEN GUMMIBÄLLE...

... LERNEN DEN UMGANG MIT DEM DOSENÖFFNER!
MEIN LEBEN HAT EINEN NEUEN SINN!
DRRRRR!

UND WÄHREND DIE SONNE GLUTROT UNTERGEHT...
... PACKEN WIR UNSERE ERINNERUNGEN WEG...
... UND VERABSCHIEDEN UNS VON UNSEREM ERSTEN JÄHRLICHEN KÄSEFESTIVAL!
JIM DAVIS 5-24
© 1990 PAWS, INC. All Rights Reserved.
SO, PARTNER, DAS WAR DIE LETZTE BOHNE!
JAU! SIEHT SO AUS, ALS MÜSSTEN WIR ALS NÄCHSTES DIE KATZE ESSEN!
ICH HOL SCHON MAL DIE TACO-CHIPS.
JUNGE, DIE KRIEGEN ABER EINEN BÖSEN BRIEF VON MIR!
JIM DAVIS 5-25
© 1990 PAWS, INC. All Rights Reserved.
GARFIELD
TONK TONK TONK
AAAAH!
TONK TONK TONK
TONK, TONK, TONK?
JIM DAVIS 5-26
© 1990 PAWS, INC. All Rights Reserved.

GARFIELD!

SEUFZ!

SCHAU NUR, GARFIELD! ICH SEH GRAUENHAFT AUS!
TUST DU NICHT!
© 1990 PAWS, INC. All Rights Reserved.

VIELLEICHT SOLLTEST DU DEIN GESICHT LIFTEN LASSEN.

DEN BAUCH EINZIEHEN!
BOOF!

NICHT RUMLÜMMELN!
JIM DAVIS 5-27

UND ETWAS AUFLOCKERN!

DANN SIEHST DU GRAUENHAFT AUS!

DU SIEHST HEUTE NICHT GANZ GESUND AUS, GARFIELD!
MIR GEHT'S GUT! LASS MICH IN RUHE!
JIM DAVIS 5-28
© 1990 PAWS, INC. All Rights Reserved.
ZEIG MAL DEINE ZUNGE!
NIX DA!
OKAY, DANN AB ZUM TIERARZT!
WARTE! WARTE! DA IST SIE!
VERABREDEN WIR UNS?!
ICH ÜBERLEGE ES MIR, NACHDEM ICH IHREN KATER ZUM RÖNTGEN GEFAHREN HABE!
5-29
© 1990 PAWS, INC. All Rights Reserved.
CRASH
TISCHE MIT RÄDERN! WAS WOHL ALS NÄCHSTES ERFUNDEN WIRD?
ICH HAB MIR'S ÜBERLEGT! DIE ANTWORT IST NEIN!
JIM DAVIS
„MÖCHTEN SIE 'NE TASSE KAFFEE, JON?" JA, GERNE, IMMER, ÜBERALL UND JEDERZEIT!
JIM DAVIS 5-30
GRATULIERE, MR. ARBUCKLE!
© 1990 PAWS, INC. All Rights Reserved.
SIE WERDEN EINEN HÜBSCHEN, GESUNDEN WURF JUNGER HUNDE KRIEGEN!
ICH HASSE JUNGE HUNDE!

JIM DAVIS 5-31
SIE HABEN DIE BEZAUBERNDSTEN AUGEN...
SIE ZIEHEN MICH IN IHREN BANN!
ES FUNKTIONIERT NICHT!
© 1990 PAWS, INC. All Rights Reserved.
HÄ? WIESO?
SIE SIND KEIN VOLLTREFFER!
WIE GEHT'S MEINEM KATER, FRAU DOKTOR?
SO WEIT GUT!
JIM DAVIS 6-1
UND WANN GIBT'S EINE CHANCE, DASS WIR GEMEINSAM AUSGEHEN?
© 1990 PAWS, INC. All Rights Reserved.
SICHER AM NIMMERLEINSTAG!
LETZTE CHANCE, FRAU DOKTOR! GEHEN SIE MIT MIR AUS?
JIM DAVIS 6-2
ACH, WAS SOLL'S! OKAY!
© 1990 PAWS, INC. All Rights Reserved.
WIRKLICH?!
BEI IHREM KATER IST WOHL SOWIESO EIN HAUSBESUCH FÄLLIG!

GARFIELD

TICK
TICK
TICK
TICK

TICK
TICK
TICK
TICK
DIESE UHR MACHT MICH NOCH WAHNSINNIG!

ICH BRING SIE HIER WEG!
CK TICK TICK
TICK TICK

ICH LEGE SIE ZU JONS UNTER-WÄSCHE!
TICK
TICK
TICK

CHR!

AUFWACHEN, GARFIELD! ES IST FAST...

BRRIIIIINNGG!
SIEBEN UHR?
JIM DAVIS 6-3

Bisher erschienen:

Wir sehen uns hoffentlich in den folgenden Bänden wieder.